Impressum
Verlag: BABADADA GmbH, Nedderfeld 112 , 22529 Hamburg
Geschäftsführer / Verlagsleitung: Harald Hof
Druck: Books on Demand GmbH, In de Tarpen 42, 22848 Norderstedt

Imprint
Publisher: BABADADA GmbH, Nedderfeld 112 , 22529 Hamburg, Germany
Managing Director / Publishing direction: Harald Hof
Print: Books on Demand GmbH, In de Tarpen 42, 22848 Norderstedt, Germany

училище
die Schule

класна стая
das Klassenzimmer

деление
dividieren

186/2

черна дъска
die Tafel

училищен двор
der Schulhof

учител
der Lehrer

хартия
das Papier

пиша
schreiben

химикал
der Stift

бюро
der Schreibtisch

линеал
das Lineal

книга
das Buch

ученик
die Schüler

ученическа раница

der Ranzen

ученически несесер

die Federmappe

молив

der Bleistift

острилка за моливи

der Bleistiftanspitzer

гума

das Radiergummi

блок за рисуване

der Zeichenblock

рисунка

die Zeichnung

четка

der Pinsel

акварелни бои

der Malkasten

ножица

die Schere

лепило

der Klebstoff

тетрадка за упражнения

das Übungsheft

домашна работа

die Hausaufgabe

число

die Zahl

събиране

addieren

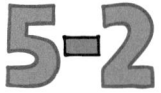

изваждане

subtrahieren

умножение

multiplizieren

смятане

rechnen

буква

der Buchstabe

азбука

das Alphabet

дума

das Wort

текст

der Text

чета

lesen

тебешир

die Kreide

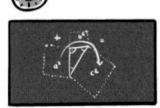

час

die Stunde

дневник на класа

das Klassenbuch

изпит

die Prüfung

свидетелство

das Zeugnis

ученическа униформа

die Schuluniform

образование

die Ausbildung

справочник

das Lexikon

университет

die Universität

микроскоп

das Mikroskop

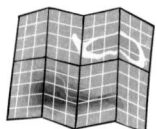

карта

die Karte

кошче за хартиени
отпадъци

der Papierkorb

пътуване
die Reise

хотел
das Hotel
Grand
хостел
die Herberge
ROOMS
обменно бюро
die Wechselstube
куфар
der Koffer
кола
das Auto

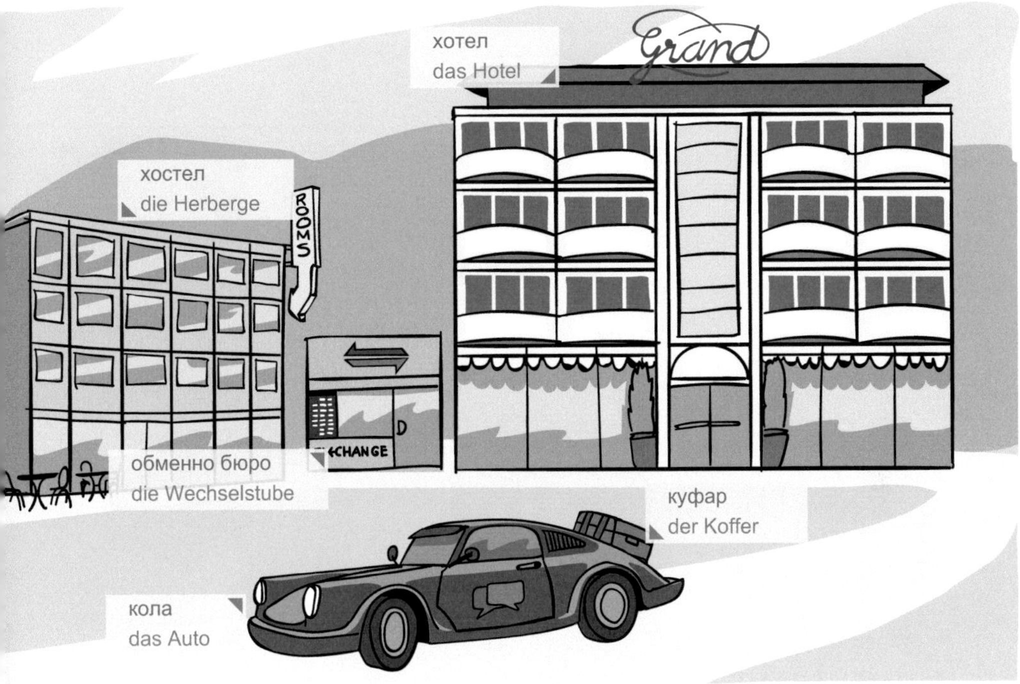

език

die Sprache

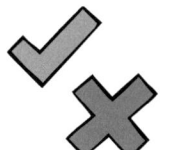

да / не

ja / nein

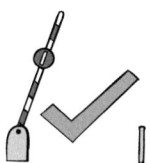

Окей

Okay

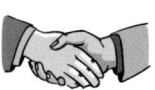

здравей

Hallo

преводач

der Übersetzer

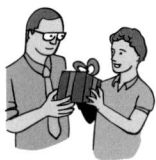

Благодаря

Danke

Колко струва...?

Was kostet...?

Не разбирам

Ich verstehe nicht

проблем

das Problem

Добър вечер!

Guten Abend!

Добро утро!

Guten Morgen!

Лека нощ!

Gute Nacht!

довиждане

Auf Wiedersehen

посока

die Richtung

багаж

das Gepäck

пътна чанта

die Tasche

раница

der Rucksack

посетител

der Gast

стая

das Zimmer

спален чувал

der Schlafsack

палатка

das Zelt

ристическа информация

die Touristeninformation

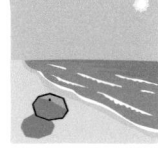

плаж

der Strand

кредитна карта

die Kreditkarte

закуска

das Frühstück

обед

das Mittagessen

вечеря

das Abendessen

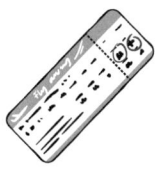

билет

die Fahrkarte

асансьор

der Fahrstuhl

пощенска марка

die Briefmarke

граница

die Grenze

митница

der Zoll

посолство

die Botschaft

виза

das Visum

паспорт

der Pass

транспорт
der Transport

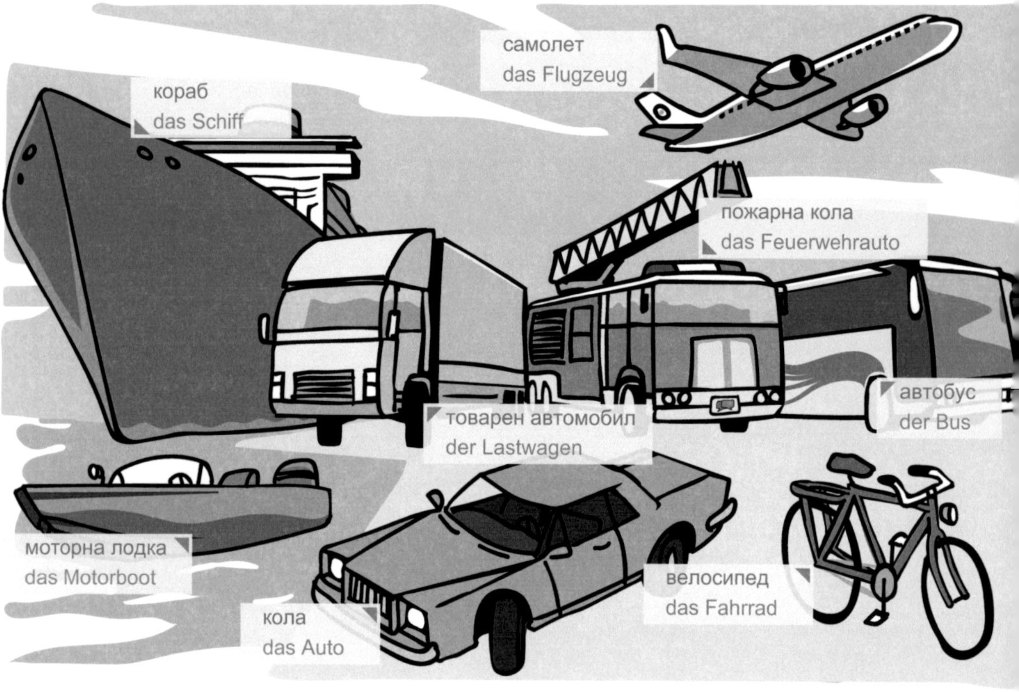

самолет
das Flugzeug

кораб
das Schiff

пожарна кола
das Feuerwehrauto

автобус
der Bus

товарен автомобил
der Lastwagen

моторна лодка
das Motorboot

велосипед
das Fahrrad

кола
das Auto

ферибот

die Fähre

лодка

das Boot

мотоциклет

das Motorrad

полицейска кола

das Polizeiauto

състезателна кола

das Rennauto

кола под наем

der Mietwagen

каршеринг

das Carsharing

автомобил от "Пътна помощ"

der Abschleppwagen

сметовоз

das Müllauto

двигател

der Motor

бензин

der Kraftstoff

бензиностанция

die Tankstelle

пътен знак

das Verkehrsschild

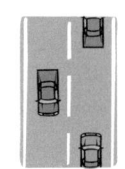

улично движение

der Verkehr

задръстване

der Stau

паркинг

der Parkplatz

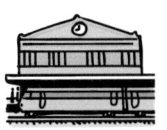

гара

der Bahnhof

релси

die Schienen

влак

der Zug

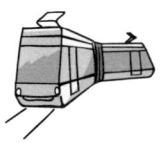

трамвай

die Straßenbahn

вагон

der Wagon

хеликоптер

der Helikopter

аерогара

der Flughafen

кула

der Tower

пасажер

der Passagier

контейнер

der Container

кашон

der Karton

ръчна количка

der Karren

кошница

der Korb

излитам / приземявам се

starten / landen

град
die Stadt

село

das Dorf

градски център

das Stadtzentrum

къща

das Haus

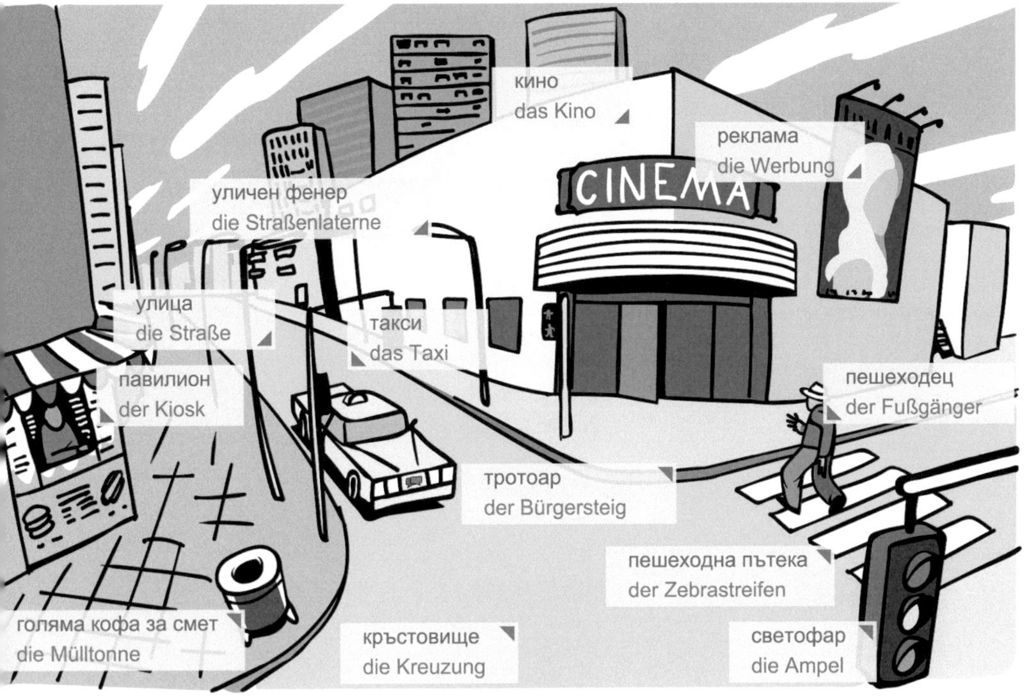

кино
das Kino

реклама
die Werbung

уличен фенер
die Straßenlaterne

улица
die Straße

такси
das Taxi

павилион
der Kiosk

пешеходец
der Fußgänger

тротоар
der Bürgersteig

пешеходна пътека
der Zebrastreifen

голяма кофа за смет
die Mülltonne

кръстовище
die Kreuzung

светофар
die Ampel

CINEMA

хижа

die Hütte

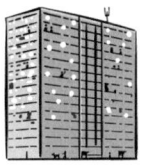

жилище

die Wohnung

гара

der Bahnhof

кметство

das Rathaus

музей

das Museum

училище

die Schule

университет

die Universität

банка

die Bank

болница

das Krankenhaus

хотел

das Hotel

аптека

die Apotheke

офис

das Büro

книжарница

die Buchhandlung

магазин за цветя

das Geschäft

магазин за цветя

der Blumenladen

супермаркет

der Supermarkt

пазар

der Markt

универсален магазин

das Kaufhaus

търговец на риба

der Fischhändler

търговски център

das Einkaufszentrum

пристанище

der Hafen

парк

der Park

пейка

die Bank

мост

die Brücke

стълба

die Treppe

метро

die U-Bahn

тунел

der Tunnel

автобусна спирка

die Bushaltestelle

бар

die Bar

ресторант

das Restaurant

пощенска кутия

der Briefkasten

улична табелка

das Straßenschild

часовник за паркинг престой

die Parkuhr

зоологическа градина

der Zoo

плувен басейн

die Badeanstalt

джамия

die Moschee

селски двор

der Bauernhof

замърсяване на околната среда

die Umweltverschmutzung

гробище

der Friedhof

църква

die Kirche

детска площадка

der Spielplatz

храм

der Tempel

пейзаж

die Landschaft

листо
das Blatt

пътепоказател
der Wegweiser

път
der Weg

ливада
die Wiese

камък
der Stein

дърво
der Baum

пътешественик
der Wanderer

река
der Fluss

трева
das Gras

цвете
die Blume

долина

das Tal

планина

der Berg

море

der See

гора

der Wald

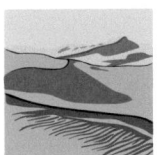

пустиня

die Wüste

вулкан

der Vulkan

замък

das Schloss

дъга

der Regenbogen

гъба

der Pilz

палма

die Palme

комар

der Moskito

муха

die Fliege

мравка

die Ameise

пчела

die Biene

паяк

die Spinne

бръмбар

der Käfer

жаба

der Frosch

катеричка

das Eichhörnchen

таралеж

der Igel

заек

der Hase

кукумявка

die Eule

птица

die Vogel

лебед

der Schwan

диво прасе

das Wildschwein

елен

der Hirsch

лос

der Elch

бент

der Staudamm

вятърна турбина

das Windrad

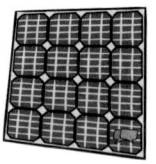

соларен модул

das Solarmodul

климат

das Klima

ресторант
das Restaurant

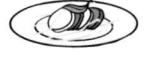

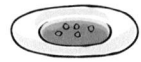

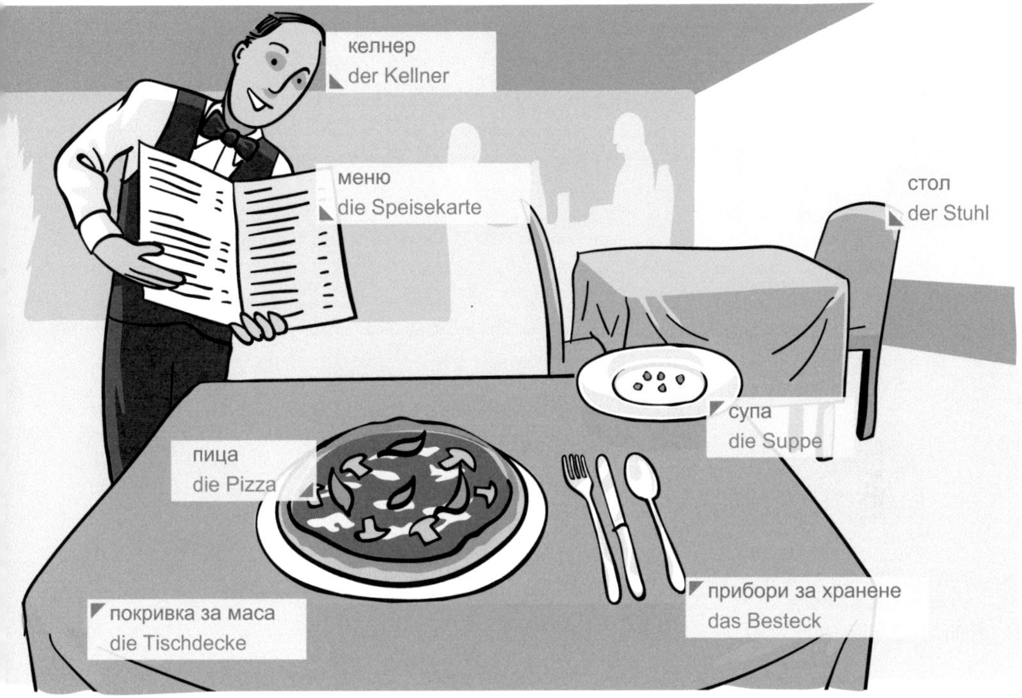

келнер
der Kellner
меню
die Speisekarte
стол
der Stuhl
супа
die Suppe
пица
die Pizza
прибори за хранене
das Besteck
покривка за маса
die Tischdecke

предястие

die Vorspeise

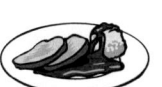

основно ястие

das Hauptgericht

десерт

die Nachspeise

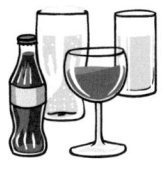

напитки

die Getränke

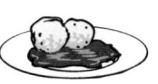

ядене

das Essen

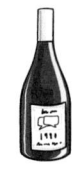

бутилка

die Flasche

бързо хранене

das Fastfood

улична храна

das Streetfood

кана за чай

die Teekanne

кутия за захар

die Zuckerdose

порция

die Portion

еспресо машина

die Espressomaschine

висок детски стол

der Hochstuhl

сметка

die Rechnung

табла

das Tablett

ножица за нокти

das Messer

вилица

die Gabel

лъжица

der Löffel

чаена лъжичка

der Teelöffel

салфетка

die Serviette

стъклена чаша

das Glas

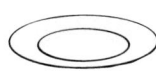

чиния

der Teller

чиния за супа

der Suppenteller

чинийка

die Untertasse

сос

die Sauce

солница

der Salzstreuer

мелничка за черен пипер

die Pfeffermühle

оцет

der Essig

олио

das Öl

подправки

die Gewürze

кетчуп

das Ketchup

горчица

der Senf

майонеза

die Mayonnaise

супермаркет

der Supermarkt

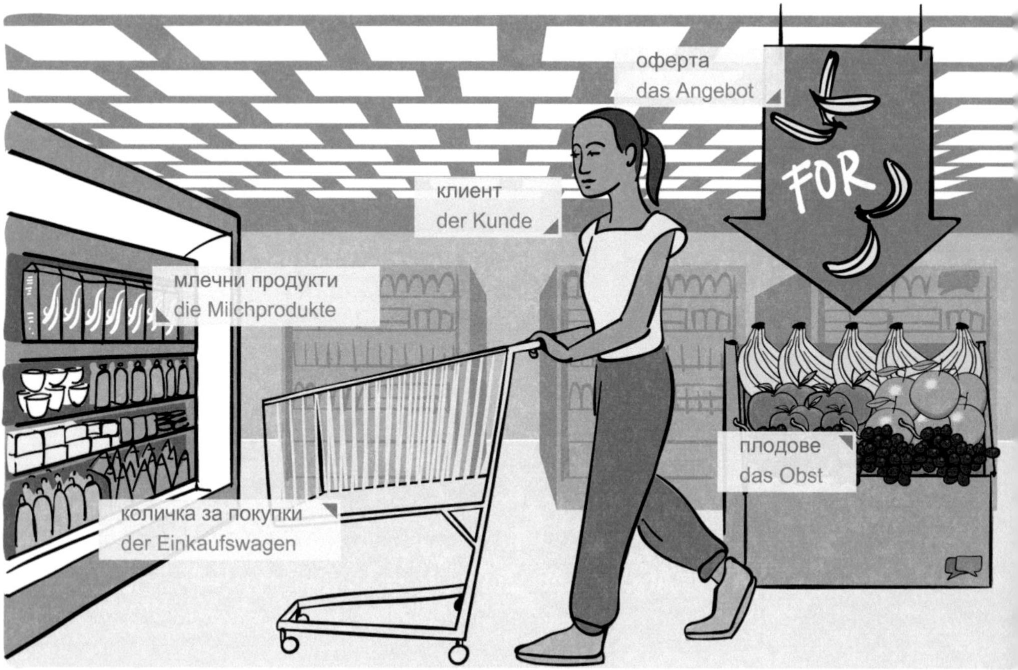

оферта
das Angebot
FOR
клиент
der Kunde
млечни продукти
die Milchprodukte
плодове
das Obst
количка за покупки
der Einkaufswagen

BUTCHERS

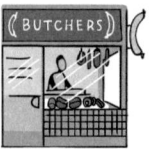

кланица

die Schlachterei

BAKERY

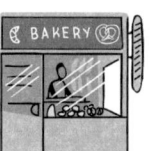

хлебарница

die Bäckerei

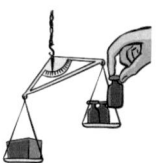

тегля

wiegen

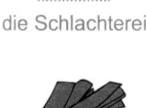

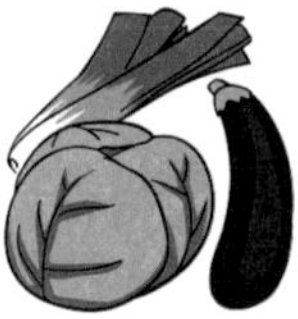

зеленчуци

das Gemüse

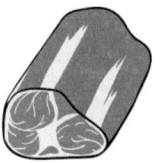

месо

das Fleisch

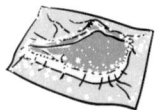

дълбоко замразена храна

die Tiefkühlkost

нарязан колбас или
сирене
der Aufschnitt

консерви
die Konserven

перилен препарат
das Waschmittel

лакомства
die Süßigkeiten

домакински изделия
die Haushaltsartikel

почистващи препарати
das Reinigungsmittel

продавачка
die Verkäuferin

каса
die Kasse

касиер
der Kassierer

списък на покупките
die Einkaufsliste

работно време
die Öffnungszeiten

портфейл
die Brieftasche

кредитна карта
die Kreditkarte

чанта
die Tasche

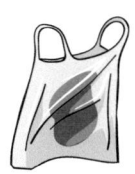

пластмасова торба
die Plastiktüte

die Getränke

вода

das Wasser

сок

der Saft

мляко

die Milch

кола

die Cola

вино

der Wein

бира

das Bier

алкохол

der Alkohol

какао

der Kakao

чай

der Tee

кафе машина

der Kaffee

еспресо

der Espresso

капучино

der Cappuccino

банан

die Banane

ябълка

der Apfel

портокал

die Orange

пъпеш

die Melone

лимон

die Zitrone

морков

die Karotte

чесън

der Knoblauch

бамбук

der Bambus

лук

die Zwiebel

гъба

der Pilz

ядки

die Nüsse

макарони

die Nudeln

спагети

die Spaghetti

ориз

der Reis

салата

der Salat

пържени картофи

die Pommes frites

печени картофи

die Bratkartoffeln

пица

die Pizza

хамбургер

der Hamburger

сандвич

das Sandwich

шницел

das Schnitzel

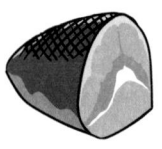

шунка

der Schinken

траен колбас

die Salami

салам

die Wurst

пиле

das Huhn

печено

der Braten

риба

der Fisch

овесени ядки

die Haferflocken

мюсли

das Müsli

корнфлейкс

die Cornflakes

брашно

das Mehl

кроасан

das Croissant

хлебчета

das Brötchen

хляб

das Brot

препечена филийка

der Toast

бисквити

die Kekse

масло

die Butter

извара

der Quark

сладкиш

der Kuchen

яйце

das Ei

яйца на очи

das Spiegelei

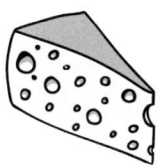

сирене

der Käse

сладолед

die Eiscreme

захар

der Zucker

мед

der Honig

мармалад

die Marmelade

нуга крем

die Nougat-Creme

къри

das Curry

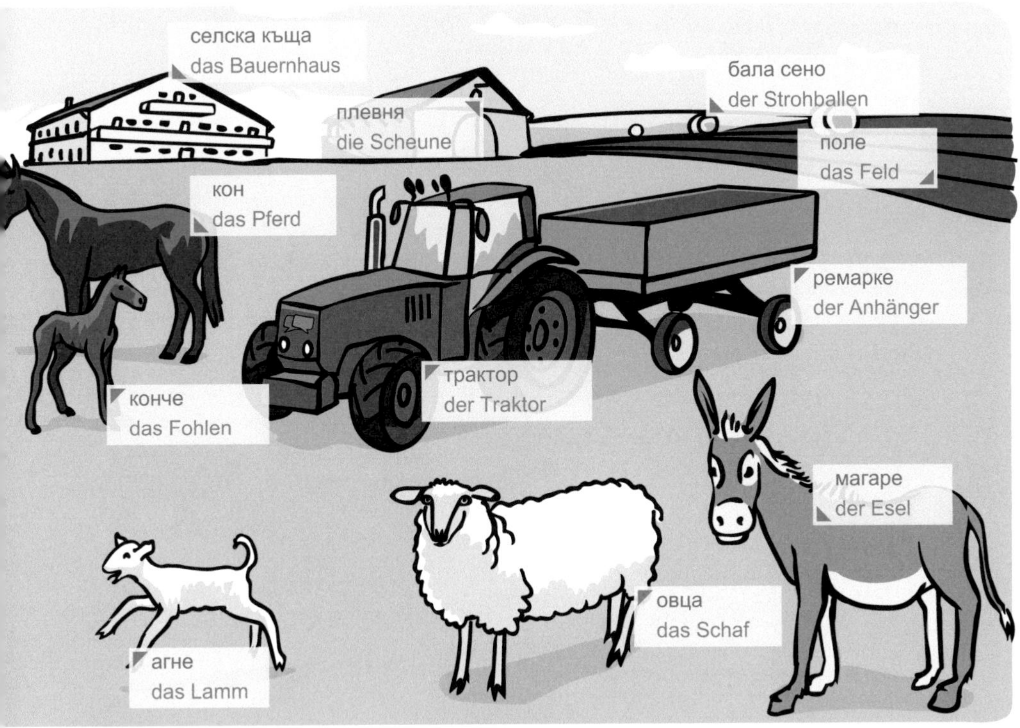

селска къща
das Bauernhaus

бала сено
der Strohballen

плевня
die Scheune

поле
das Feld

кон
das Pferd

ремарке
der Anhänger

конче
das Fohlen

трактор
der Traktor

магаре
der Esel

агне
das Lamm

овца
das Schaf

коза

die Ziege

крава

die Kuh

теле

das Kalb

свиня

das Schwein

прасенце

das Ferkel

бик

der Bulle

гъска

die Gans

патица

die Ente

пиленце

das Küken

кокошка

das Huhn

петел

der Hahn

плъх

die Ratte

котка

die Katze

мишка

die Maus

вол

der Ochse

куче

der Hund

кучешка колиба

die Hundehütte

градински маркуч

der Gartenschlauch

лейка

die Gießkanne

коса

die Sense

плуг

der Pflug

сърп

die Sichel

мотика

die Hacke

вила за тор

die Mistgabel

брадва

die Axt

ръчна количка

die Schubkarre

корито

der Trog

съд за мляко

die Milchkanne

чувал

der Sack

ограда

der Zaun

обор

der Stall

парник

das Treibhaus

земя

der Boden

сеитба

die Saat

тор

der Dünger

комбайн

der Mähdrescher

жъна

ernten

реколта

die Ernte

ямс

die Yamswurzel

жито

der Weizen

соя

das Soja

картоф

die Kartoffel

царевица

der Mais

рапица

der Raps

овощно дърво

der Obstbaum

маниока

der Maniok

зърнени храни

das Getreide

къща
das Haus

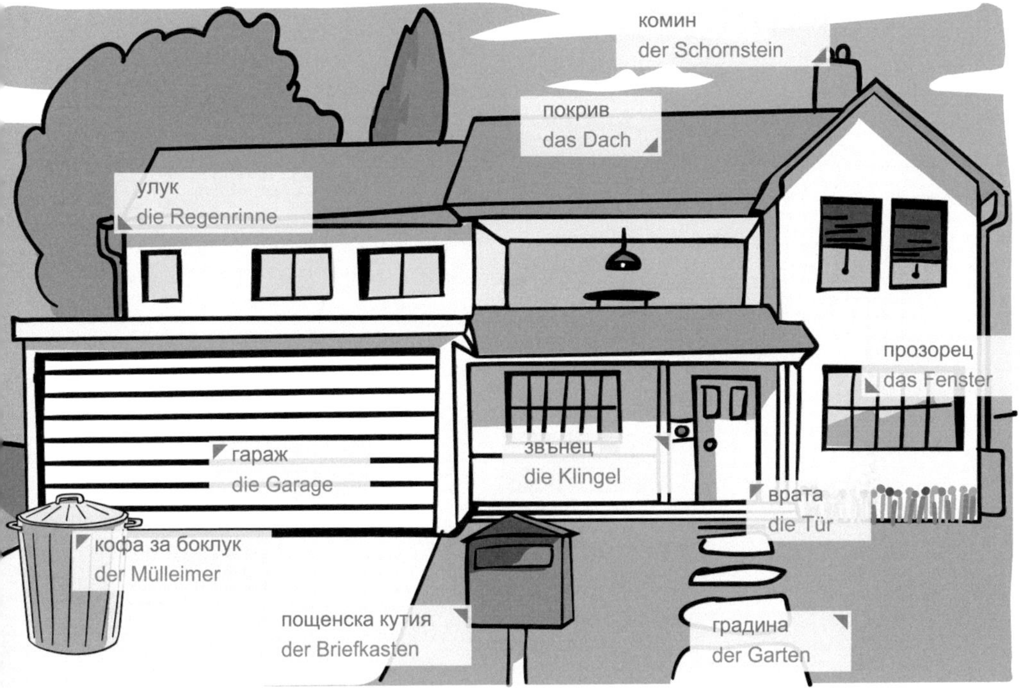
комин
der Schornstein
покрив
das Dach
улук
die Regenrinne
прозорец
das Fenster
гараж
die Garage
звънец
die Klingel
врата
die Tür
кофа за боклук
der Mülleimer
пощенска кутия
der Briefkasten
градина
der Garten

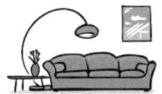

всекидневна
das Wohnzimmer

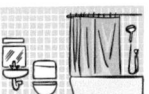

баня
das Badezimmer

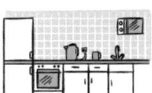

кухня
die Küche

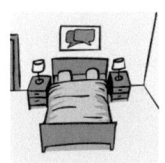

спалня
das Schlafzimmer

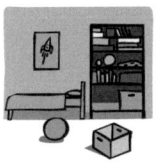

детска стая
das Kinderzimmer

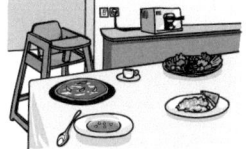

трапезария
das Esszimmer

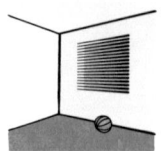

под
....
der Boden

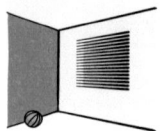

стена
....
die Wand

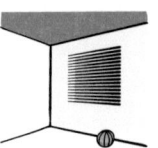

таван
....
die Decke

изба
....
der Keller

сауна
....
die Sauna

балкон
....
der Balkon

тераса
....
die Terrasse

плувен басейн
....
das Schwimmbad

косачка
....
der Rasenmäher

спално бельо
....
der Bettbezug

покривка за легло
....
die Bettdecke

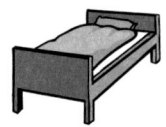

легло
....
das Bett

метла
....
der Besen

кофа
....
der Eimer

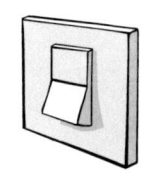

електрически ключ
....
der Schalter

всекидневна

das Wohnzimmer

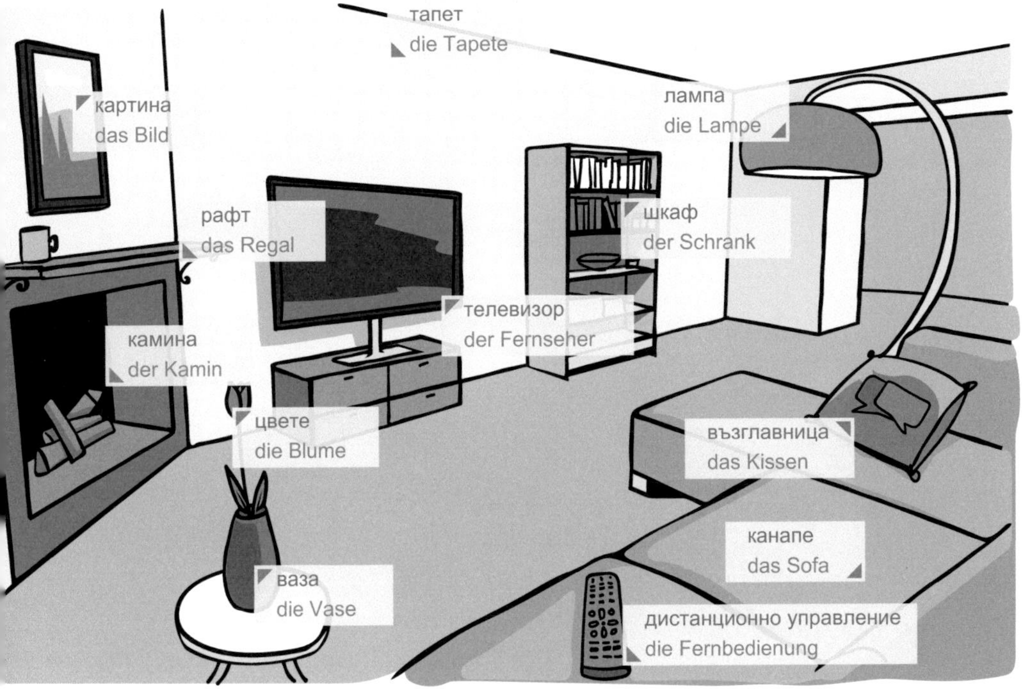
тапет
die Tapete
картина
das Bild
лампа
die Lampe
рафт
das Regal
шкаф
der Schrank
телевизор
der Fernseher
камина
der Kamin
цвете
die Blume
възглавница
das Kissen
канапе
das Sofa
ваза
die Vase
дистанционно управление
die Fernbedienung

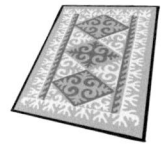

килим

der Teppich

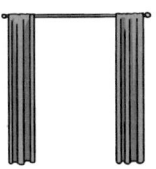

завеса

der Vorhang

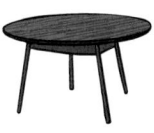

маса

der Tisch

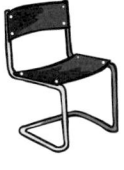

стол

der Stuhl

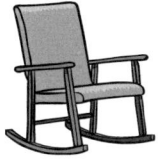

люлеещ се стол

der Schaukelstuhl

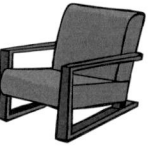

кресло

der Sessel

книга

das Buch

одеяло

die Decke

декорация

die Dekoration

дърва за отопление

das Feuerholz

филм

der Film

стерео уредба

die Stereoanlage

ключ

der Schlüssel

вестник

die Zeitung

живопис

das Gemälde

постер

das Poster

радио

das Radio

бележник

der Notizblock

прахосмукачка

der Staubsauger

кактус

der Kaktus

свещ

die Kerze

кухня
die Küche

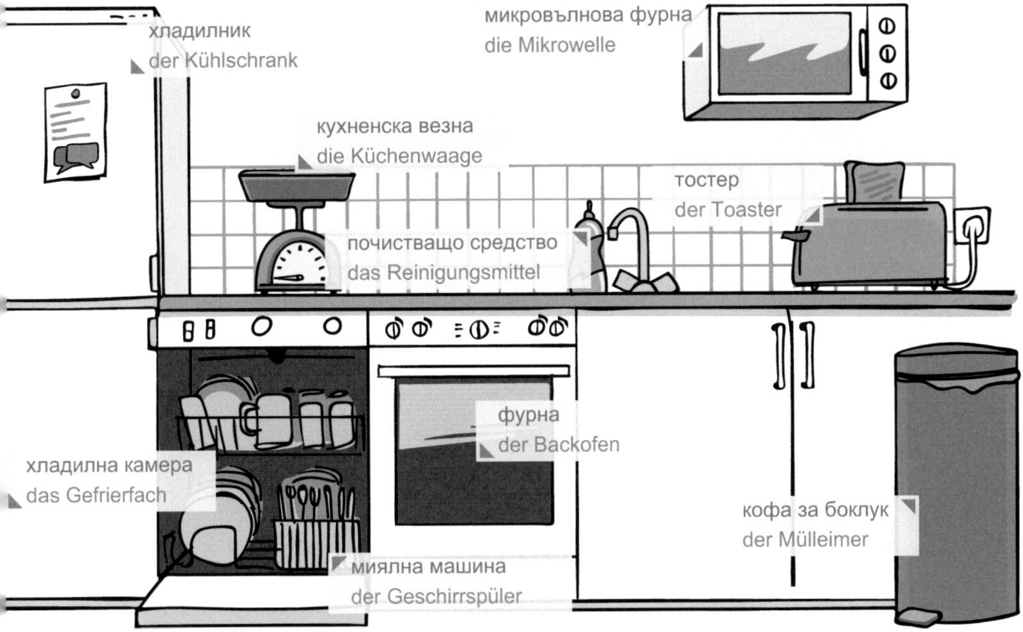
хладилник
der Kühlschrank
микровълнова фурна
die Mikrowelle
кухненска везна
die Küchenwaage
тостер
der Toaster
почистващо средство
das Reinigungsmittel
фурна
der Backofen
хладилна камера
das Gefrierfach
кофа за боклук
der Mülleimer
миялна машина
der Geschirrspüler

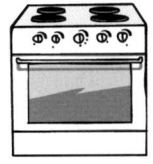

готварска печка

der Herd

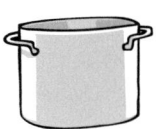

тенджера

der Topf

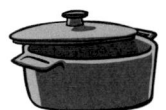

желязна тенджера

der Eisentopf

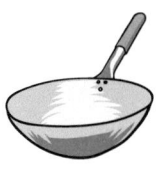

уок / кадаи

der Wok / Kadai

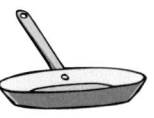

тиган

die Pfanne

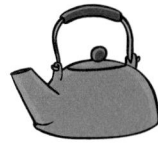

кана за затопляне на вода

der Wasserkocher

уред за готвене на пара

der Dampfgarer

тава за печене

das Backblech

съдове

das Geschirr

чаша

der Becher

купа

die Schale

клечки за хранене

die Essstäbchen

черпак

die Suppenkelle

лопатка за тиган

der Pfannenwender

тел за разбиване (на яйца, белтъци)

der Schneebesen

кошница за варене

das Kochsieb

гевгир

das Sieb

ренде

die Reibe

хаван

der Mörser

барбекю

der Grill

огнище

die Feuerstelle

дъска

das Schneidebrett

точилка

das Nudelholz

тирбушон

der Korkenzieher

кутия

die Dose

отварачка за консерви

der Dosenöffner

кухненска ръкохватка

der Topflappen

мивка

das Waschbecken

четка

die Bürste

гъба

der Schwamm

миксер

der Mixer

фризер

die Gefriertruhe

бебешко шише

die Babyflasche

воден кран

der Wasserhahn

баня

das Badezimmer

отопление
die Heizung
душ
die Dusche
хавлиена кърпа
das Handtuch
завеса за баня
der Duschvorhang
шампоан за вана
das Schaumbad
вана
die Badewanne
стъклена чаша
das Glas
перална машина
die Waschmaschine
воден кран
der Wasserhahn
плочки
die Fliesen
гърне
das Töpfchen
мивка
das Waschbecken

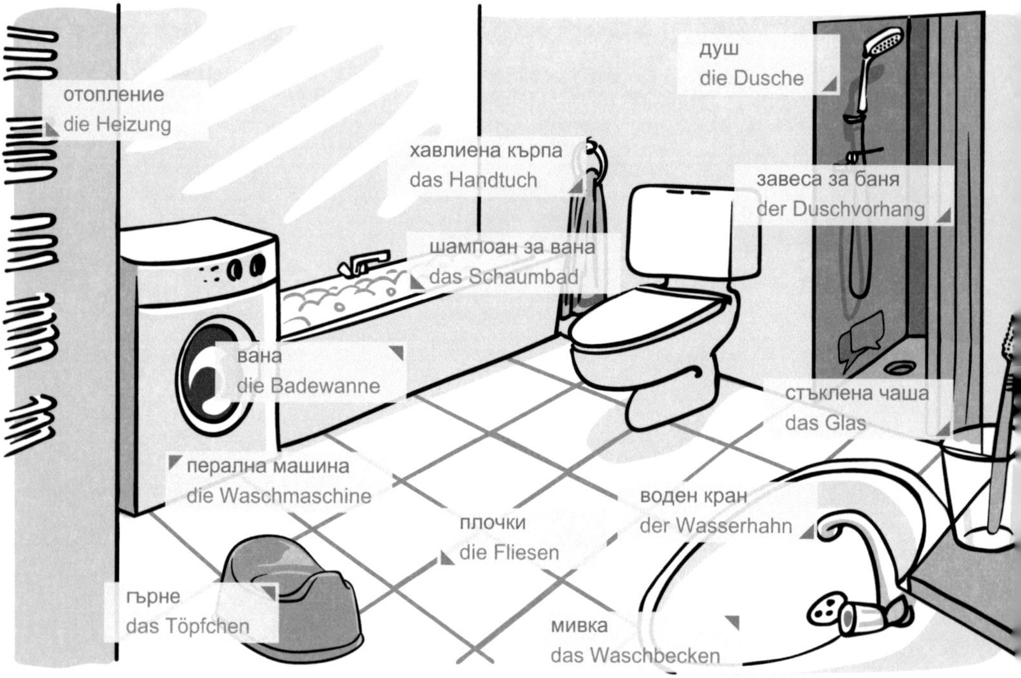

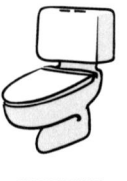

тоалетна

die Toilette

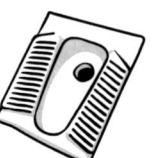

клекало

die Hocktoilette

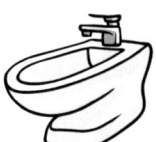

биде

das Bidet

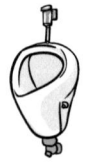

писоар

das Pissoir

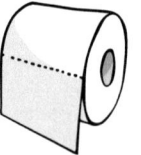

тоалетна хартия

das Toilettenpapier

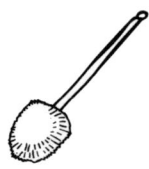

четка за тоалетна

die Toilettenbürste

четка за зъби

die Zahnbürste

паста за зъби

die Zahnpasta

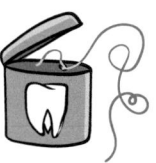

конец за зъби

die Zahnseide

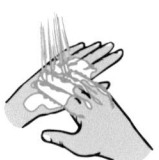

мия

waschen

ръчен душ

die Handbrause

интимен душ

die Intimdusche

леген

die Waschschüssel

четка за гръб

die Rückenbürste

сапун

die Seife

душ гел

das Duschgel

шампоан за вана

das Shampoo

гъба за баня

der Waschlappen

сифон

der Abfluss

крем

die Creme

дезодорант

das Deodorant

огледало

der Spiegel

козметично огледало

der Kosmetikspiegel

ръчна самобръсначка

der Rasierer

пяна за бръснене

der Rasierschaum

одеколон за след
бръснене
das Rasierwasser

гребен

der Kamm

четка

die Bürste

сешоар

der Föhn

спрей за коса

das Haarspray

грим

das Makeup

червило

der Lippenstift

лак за нокти

der Nagellack

памук

die Watte

ножица за нокти

die Nagelschere

парфюм

das Parfum

тоалетна чантичка

der Kulturbeutel

табуретка

der Hocker

везна

die Waage

хавлия

der Bademantel

домакински ръкавици

die Gummihandschuhe

тампон

das Tampon

дамски превръзки

die Damenbinde

химическа тоалетна

die Chemietoilette

баня - das Badezimmer

детска стая

das Kinderzimmer

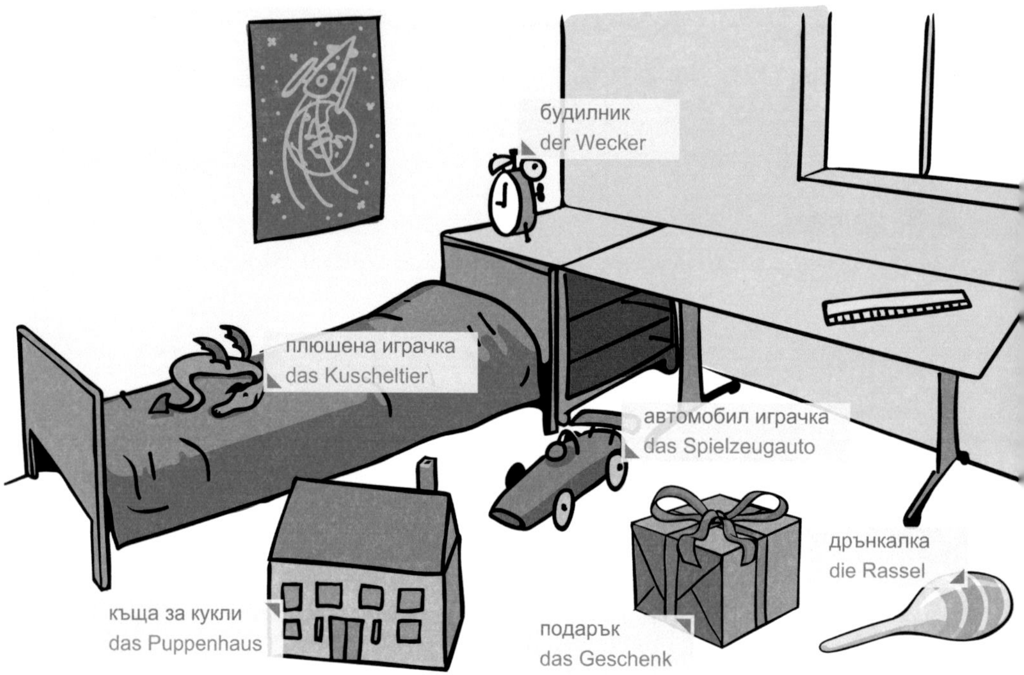
будилник
der Wecker
плюшена играчка
das Kuscheltier
автомобил играчка
das Spielzeugauto
дрънкалка
die Rassel
къща за кукли
das Puppenhaus
подарък
das Geschenk

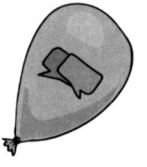

балон

....

der Ballon

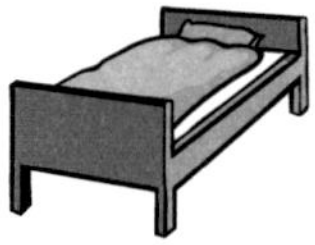

легло

....

das Bett

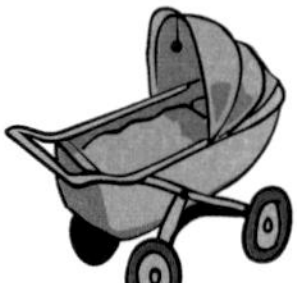

детска количка

....

der Kinderwagen

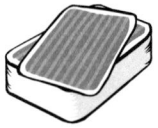

игра на карти

....

das Kartenspiel

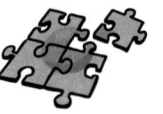

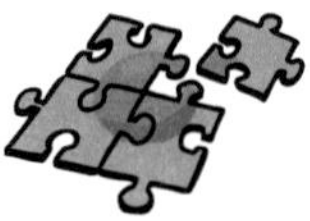

пъзел

....

das Puzzle

SUPER
MEGA

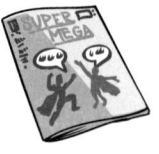

комикс

....

der Comic

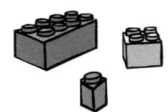

лего елементи

die Legosteine

строителни елементи

die Bausteine

екшън фигурка

die Action Figur

бебешки гащеризон

der Strampelanzug

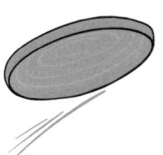

фрисби

das Frisbee

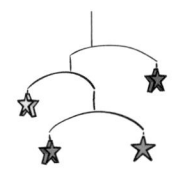

бебешки играчки за легло

das Mobile

настолна игра

das Brettspiel

зарче

der Würfel

миниатюрно влакче

die Modelleisenbahn

биберон

der Schnuller

парти

die Party

детска книга с илюстрации

das Bilderbuch

топка

der Ball

кукла

die Puppe

играя

spielen

пясъчник

der Sandkasten

люлка

die Schaukel

играчка

das Spielzeug

игрова конзола

die Spielkonsole

велосипед с три колелета

das Dreirad

плюшено мече

der Teddy

гардероб

der Kleiderschrank

облекло
die Kleidung

къси чорапи

die Socken

дълги чорапи

die Strümpfe

чорапогащник

die Strumpfhose

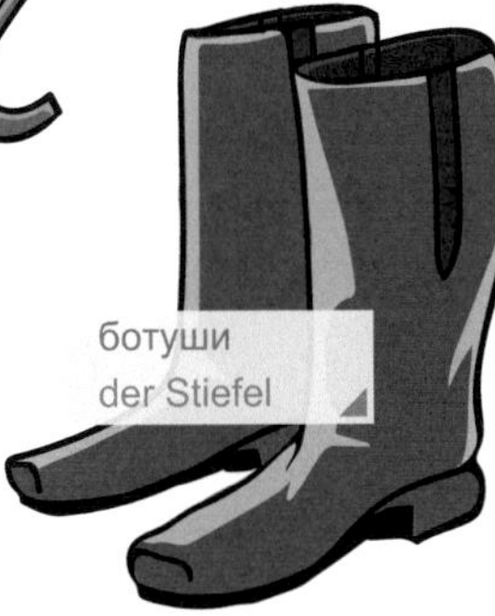

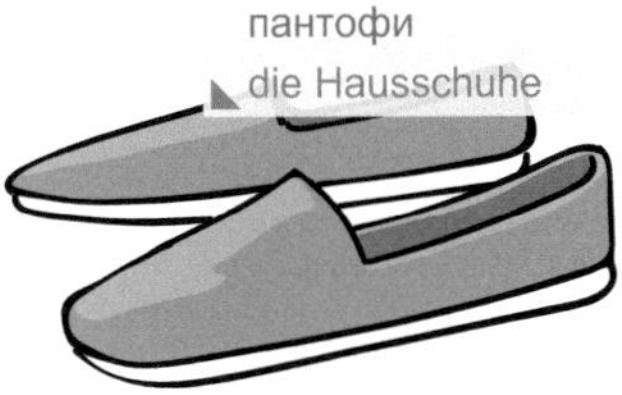

шал
der Schal

колан
der Gürtel

чадър
der Regenschirm

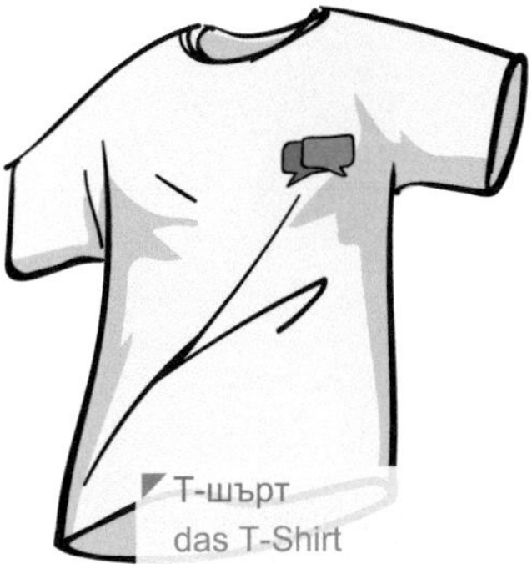

Т-шърт
das T-Shirt

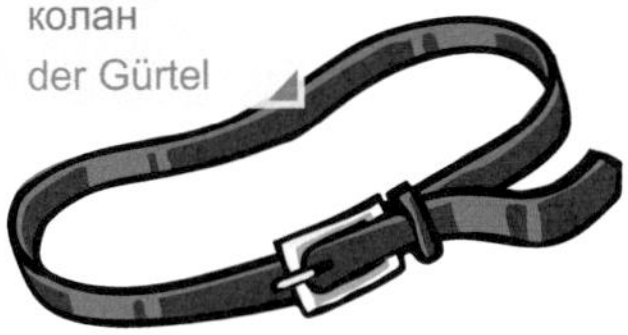

гуменки
die Turnschuhe

ботуши
der Stiefel

пантофи
die Hausschuhe

сандали

die Sandalen

обувки

die Schuhe

гумени ботуши

die Gummistiefel

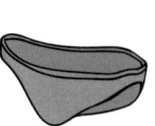

слип

die Unterhose

сутиен

der Büstenhalter

долна блуза

das Unterhemd

боди

der Body

панталон

die Hose

дънки

die Jeans

пола

der Rock

блуза

die Bluse

риза

das Hemd

пуловер

der Pullover

суичър

der Kapuzenpullover

блейзър

der Blazer

яке

die Jacke

палто

der Mantel

дъждобран

der Regenmantel

костюм

das Kostüm

рокля

das Kleid

булчинска рокля

das Hochzeitskleid

костюм

der Anzug

нощница

das Nachthemd

пижама

der Schlafanzug

сари

der Sari

кърпа за глава

das Kopftuch

тюрбан

der Turban

бурка

die Burka

кафтан

der Kaftan

абая

die Abaya

бански костюм

der Badeanzug

плувни шорти

die Badehose

къс панталон

die kurze Hose

анцуг

der Trainingsanzug

престилка

die Schürze

ръкавици

die Handschuhe

копче

der Knopf

очила

die Brille

гривна

das Armband

верижка

die Halskette

пръстен

der Ring

обеца

der Ohrring

каскет

die Mütze

закачалка

der Kleiderbügel

шапка

der Hut

вратовръзка

die Krawatte

цип

der Reißverschluss

каска

der Helm

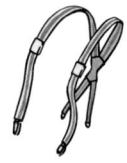

тиранти

der Hosenträger

ученическа униформа

die Schuluniform

униформа

die Uniform

лигавник

das Lätzchen

биберон

der Schnuller

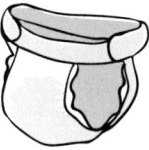

пелена

die Windel

офис
das Büro

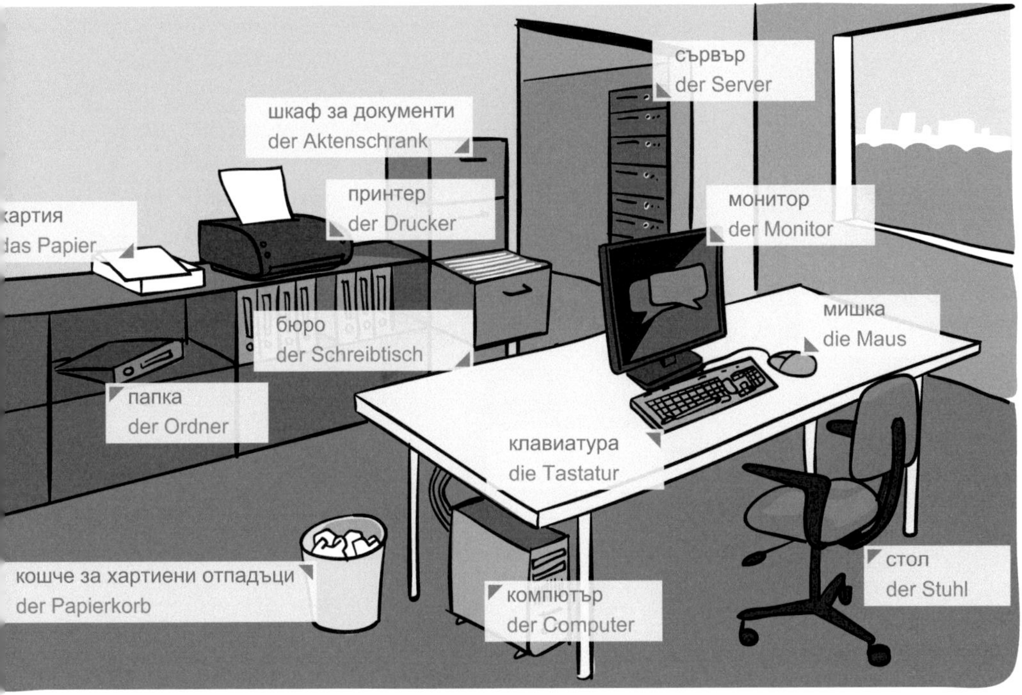

сървър
der Server

шкаф за документи
der Aktenschrank

принтер
der Drucker

монитор
der Monitor

хартия
das Papier

мишка
die Maus

бюро
der Schreibtisch

папка
der Ordner

клавиатура
die Tastatur

кошче за хартиени отпадъци
der Papierkorb

стол
der Stuhl

компютър
der Computer

чаша за кафе

der Kaffeebecher

джобен калкулатор

der Taschenrechner

интернет

das Internet

лаптоп

der Laptop

писмо

der Brief

съобщение

die Nachricht

мобилен телефон

das Handy

мрежа

das Netzwerk

ксерокс

der Kopierer

софтуер

die Software

телефон

das Telefon

контакт

die Steckdose

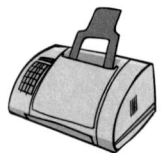

факс

das Fax

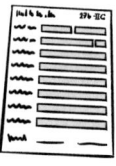

формуляр

das Formular

документ

das Dokument

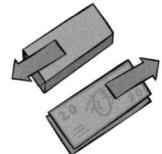

купувам

kaufen

плащам

bezahlen

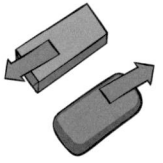

търгувам

handeln

пари

das Geld

долар

der Dollar

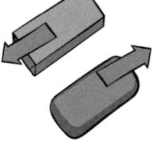

евро

der Euro

йена

der Yen

рубла

der Rubel

швейцарски франк

der Franken

ренминби юан

der Renminbi Yuan

рупия

die Rupie

банкомат

der Geldautomat

обменно бюро

die Wechselstube

злато

das Gold

сребро

das Silber

нефт

das Öl

енергия

die Energie

цена

der Preis

договор

der Vertrag

данък

die Steuer

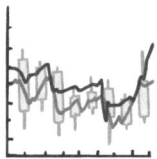

акция

die Aktie

работя

arbeiten

служител

der Angestellte

работодател

der Arbeitgeber

фабрика

die Fabrik

магазин за цветя

das Geschäft

професии
die Berufe

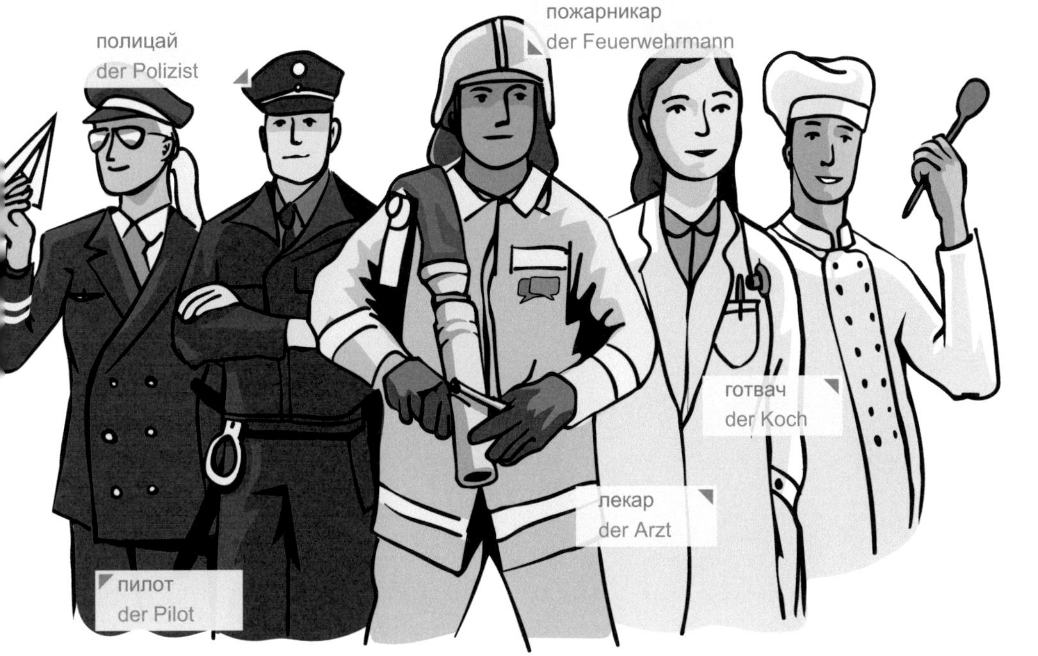
пожарникар
der Feuerwehrmann
полицай
der Polizist
готвач
der Koch
лекар
der Arzt
пилот
der Pilot

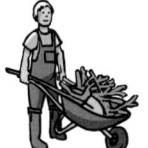

градинар

der Gärtner

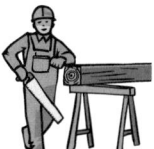

мебелист

der Tischler

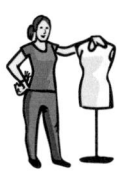

шивачка

die Näherin

съдия

der Richter

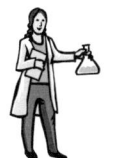

химик

der Chemiker

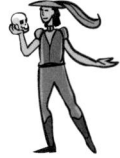

артист

der Schauspieler

шофьор на автобус

der Busfahrer

шофьор на такси

der Taxifahrer

рибар

der Fischer

чистачка

die Putzfrau

майстор на покриви

der Dachdecker

келнер

der Kellner

ловец

der Jäger

художник

der Maler

хлебар

der Bäcker

електротехник

der Elektriker

строителен работник

der Bauarbeiter

инженер

der Ingenieur

касапин

der Schlachter

тенекеджия

der Klempner

пощальон

der Postbote

войник

der Soldat

архитект

der Architekt

касиер

der Kassierer

цветар

der Florist

фризьор

der Friseur

кондуктор

der Schaffner

механик

der Mechaniker

капитан

der Kapitän

зъболекар

der Zahnarzt

научен работник

der Wissenschaftler

равин

der Rabbi

имàм

der Imam

монах

der Mönch

свещеник

der Geistliche

инструменти
die Werkzeuge

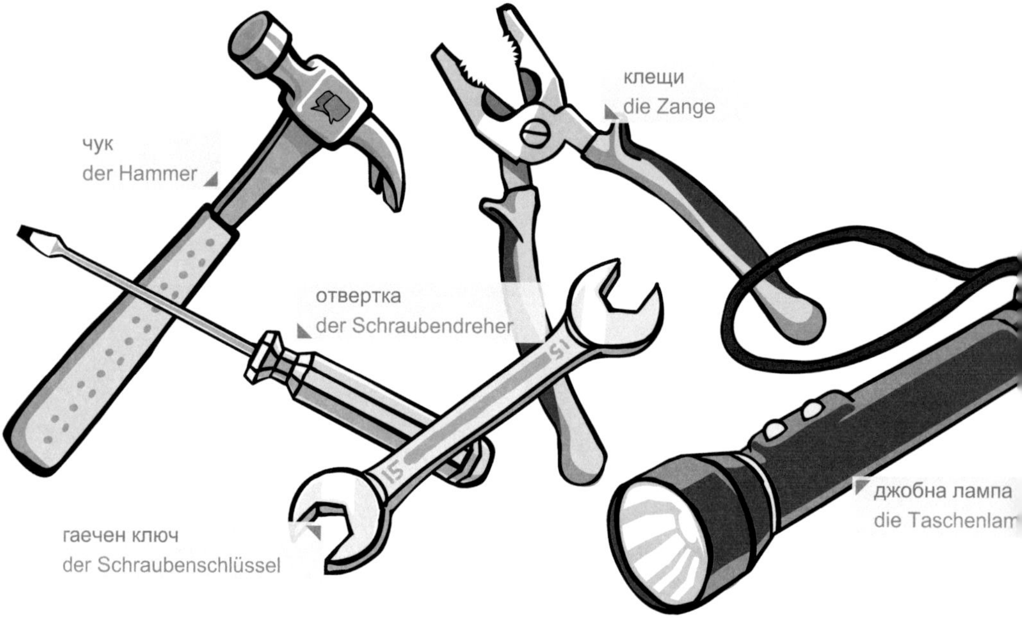
чук
der Hammer
клещи
die Zange
отвертка
der Schraubendreher
гаечен ключ
der Schraubenschlüssel
джобна лампа
die Taschenlam

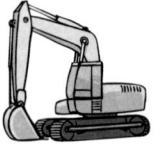

багер

der Bagger

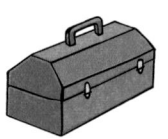

кутия за инструменти

der Werkzeugkasten

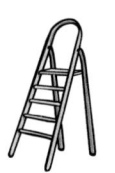

стълба

die Leiter

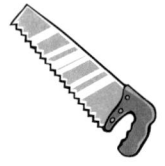

трион

die Säge

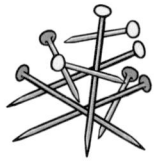

пирони

die Nägel

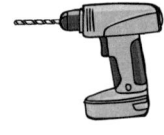

бормашина

der Bohrer

ремонтирам

reparieren

лопата

die Schaufel

По дяволите!

Mist!

лопатка за смет

das Kehrblech

кутия за боя

der Farbtopf

болтове

die Schrauben

музикални инструменти
die Musikinstrumente

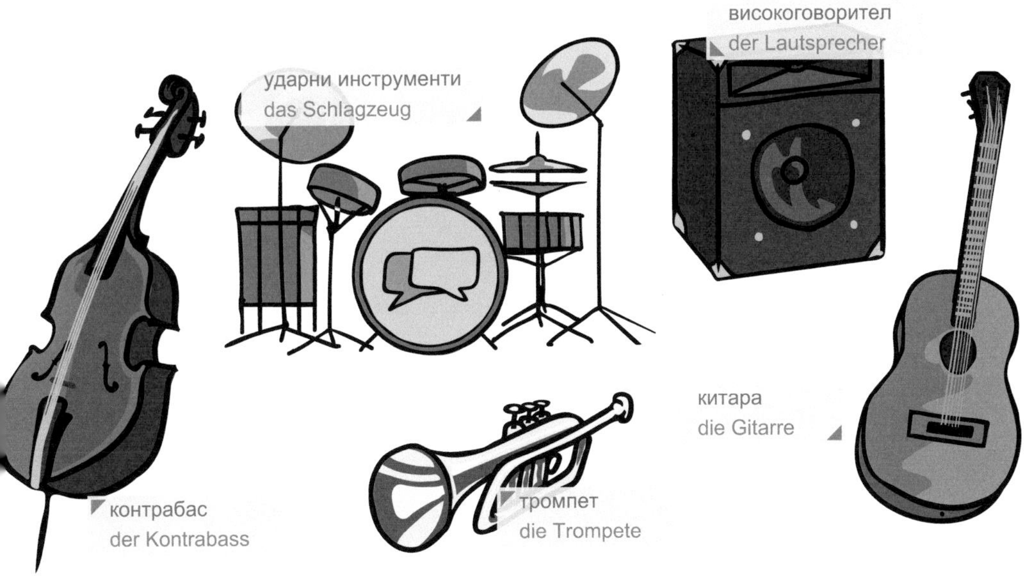

високоговорител
der Lautsprecher

ударни инструменти
das Schlagzeug

китара
die Gitarre

контрабас
der Kontrabass

тромпет
die Trompete

пиано

das Klavier

виолина

die Violine

контрабас

der Bass

тимпан

die Pauke

барабан

die Trommeln

електрическо пиано

das Keyboard

саксофон

das Saxophon

флейта

die Flöte

микрофон

das Mikrofon

зоологическа градина

der Zoo

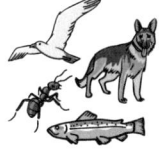

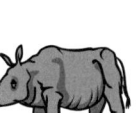

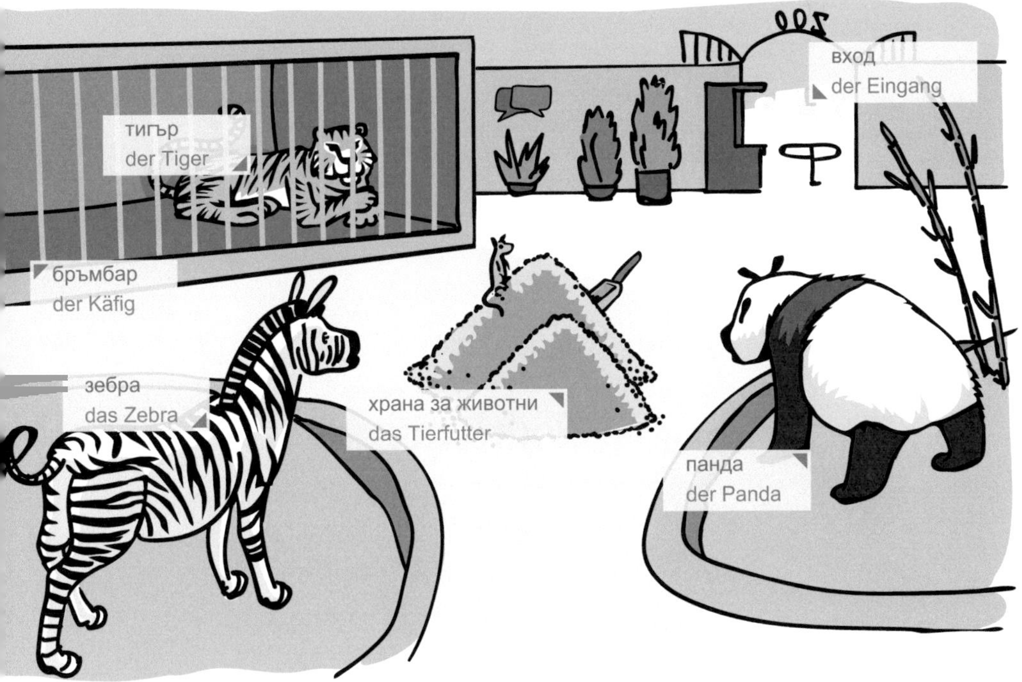

тигър
der Tiger
вход
der Eingang
бръмбар
der Käfig
зебра
das Zebra
храна за животни
das Tierfutter
панда
der Panda

животни

die Tiere

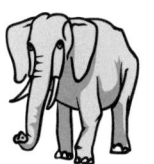

слон

der Elefant

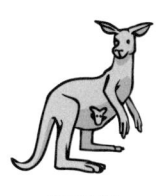

кенгуру

das Känguruh

носорог

das Nashorn

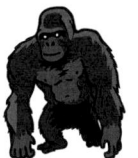

горила

der Gorilla

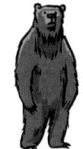

мечка

der Bär

камила

das Kamel

щраус

der Strauß

лъв

der Löwe

маймуна

der Affe

фламинго

der Flamingo

папагал

der Papagei

бяла мечка

der Eisbär

пингвин

der Pinguin

акула

der Hai

паун

der Pfau

змия

die Schlange

крокодил

das Krokodil

пазач в зоологическа
градина

der Zoowärter

тюлен

die Robbe

ягуар

der Jaguar

пони

das Pony

леопард

der Leopard

хипопотам

das Nilpferd

жираф

die Giraffe

орел

der Adler

диво прасе

das Wildschwein

риба

der Fisch

костенурка

die Schildkröte

морж

das Walross

лисица

der Fuchs

газела

die Gazelle

американски футбол
das American Football

колоездене
das Radfahren

тенис
das Tennis

баскетбол
der Basketball

плуване
das Schwimmen

бокс
das Boxen

хокей на лед
das Eishockey

футбол
der Fußball

бадминтон
das Badminton

лека атлетика
die Leichtathletik

хандбал
der Handball

ски бягане
das Skilaufen

поло
das Polo

дейности

die Aktivitäten

смея се
lachen
скачам
springen
прегръщам
umarmen
вървя
gehen
пея
singen
сънувам
träumen
моля се
beten
целувам
küssen

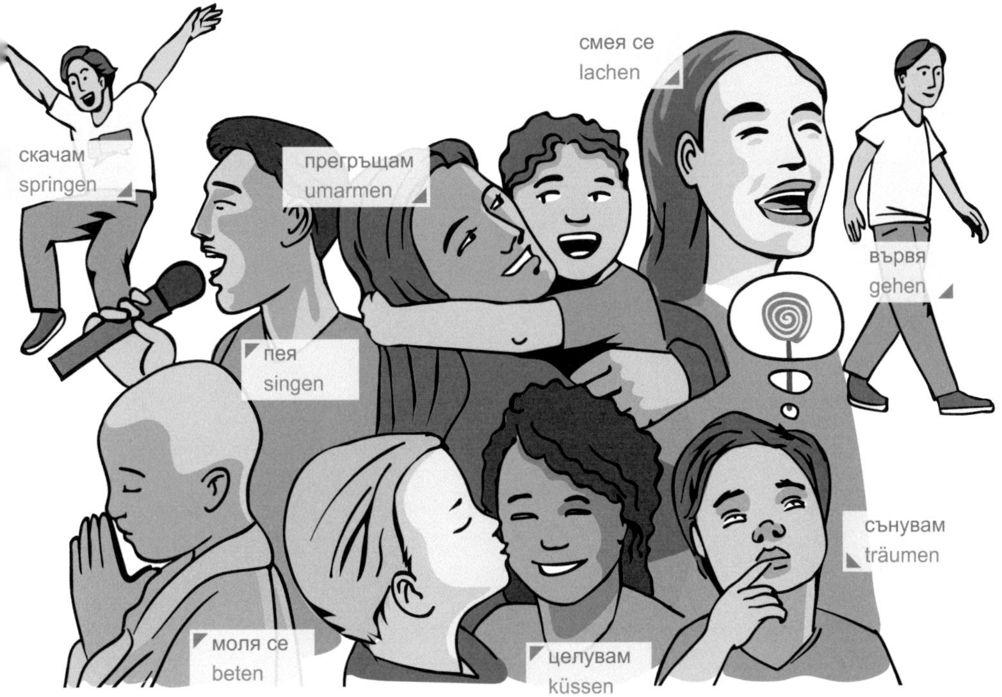

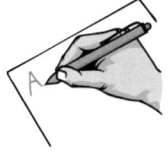

пиша

schreiben

рисувам

zeichnen

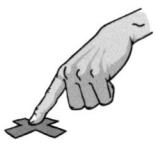

показвам

zeigen

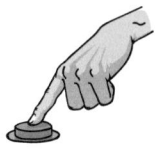

бутам

drücken

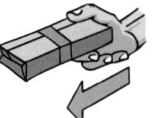

давам

geben

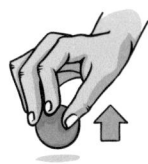

взимам

nehmen

имам

haben

правя

tun

съм

sein

стоя

stehen

тичам

laufen

дърпам

ziehen

хвърлям

werfen

падам

fallen

лежа

liegen

чакам

warten

нося

tragen

седя

sitzen

обличам

anziehen

спя

schlafen

събуждам се

aufwachen

разглеждам

ansehen

плача

weinen

милвам

streicheln

реша се

kämmen

говоря

reden

разбирам

verstehen

питам

fragen

слушам

hören

пия

trinken

ям

essen

разтребвам

aufräumen

обичам

lieben

готвя

kochen

карам автомобил

fahren

летя

fliegen

плавам (с платна)

segeln

смятане

rechnen

чета

lesen

уча

lernen

работя

arbeiten

женя се

heiraten

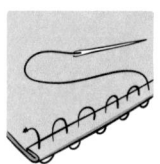

шия

nähen

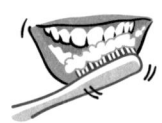

измивам си зъбите

Zähne putzen

убивам

töten

пуша

rauchen

изпращам

senden

семейство
die Familie

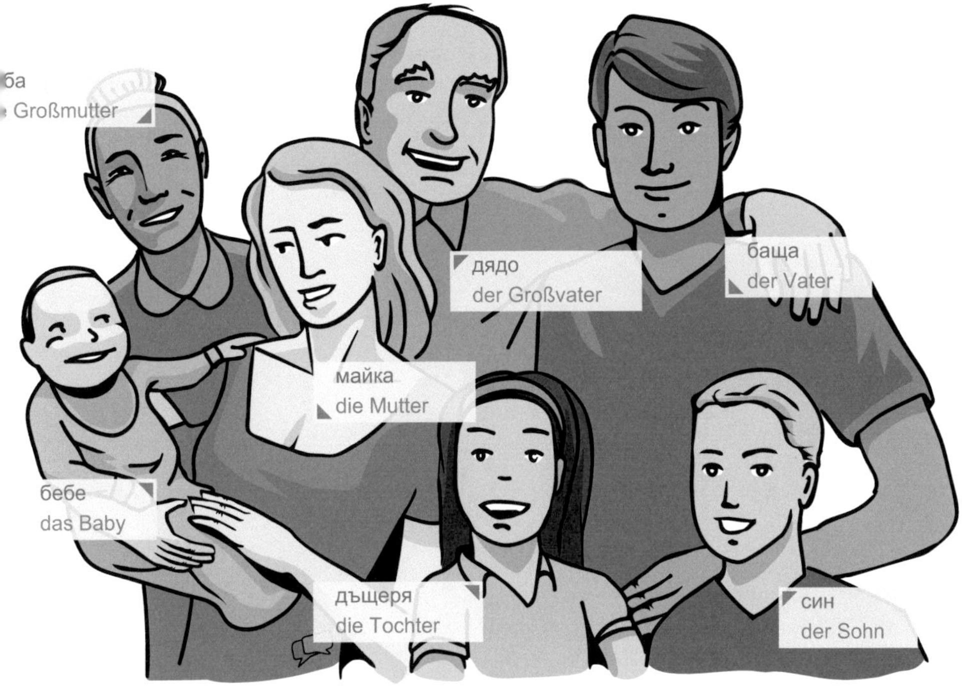

ба
Großmutter
дядо
der Großvater
баща
der Vater
майка
die Mutter
бебе
das Baby
дъщеря
die Tochter
син
der Sohn

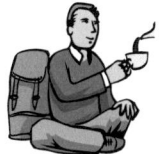

посетител

der Gast

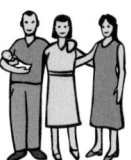

леля

die Tante

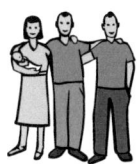

чичо

der Onkel

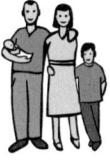

брат

der Bruder

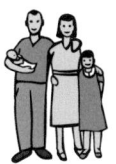

сестра

die Schwester

тяло

der Körper

чело
die Stirn
око
das Auge
рамо
die Schulter
пръст
der Finger
лице
das Gesicht
брадичка
das Kinn
ръка
die Hand
крак
das Bein
гърди
die Brust
ръка
der Arm

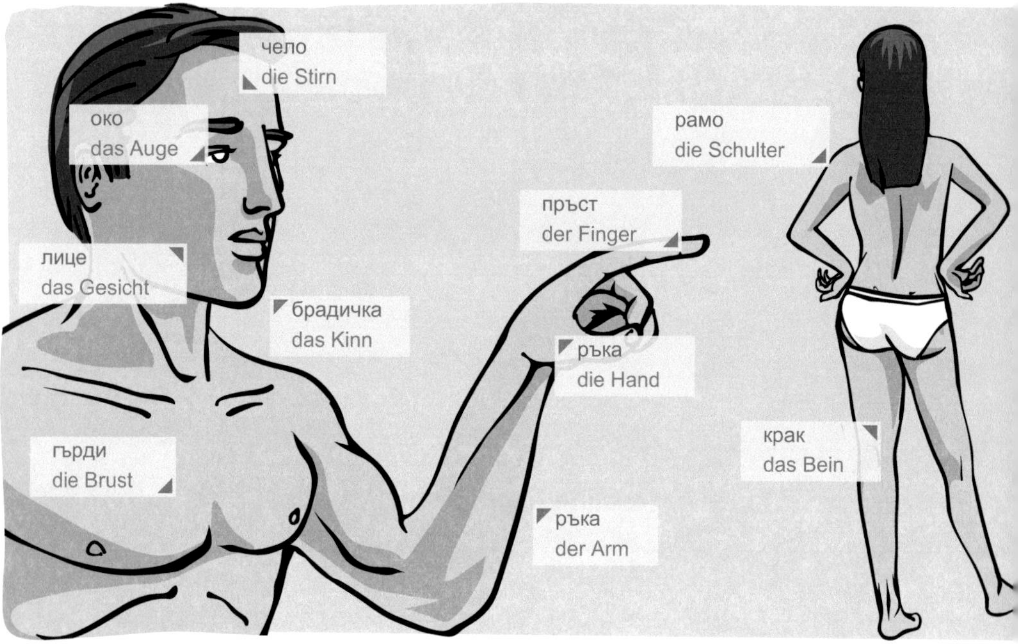

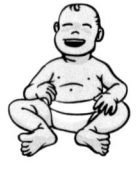

бебе

das Baby

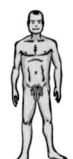

мъж

der Mann

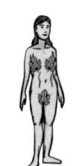

жена

die Frau

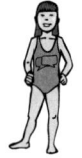

момиче

das Mädchen

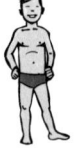

момче

der Junge

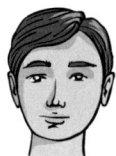

глава

der Kopf

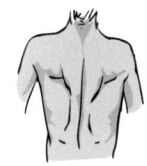

гръб
der Rücken

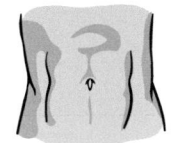

корем
der Bauch

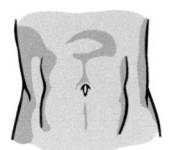

пъп
der Nabel

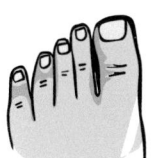

пръст на крака
der Zeh

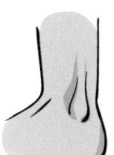

пета
die Ferse

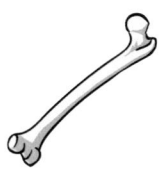

кост
der Knochen

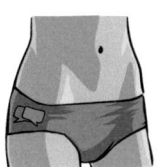

хълбок
die Hüfte

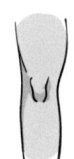

коляно
das Knie

лакът
der Ellenbogen

нос
die Nase

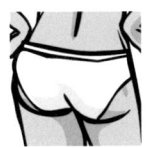

седалище
das Gesäß

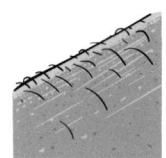

кожа
die Haut

буза
die Wange

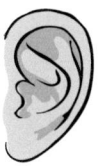

ухо
das Ohr

устна
die Lippe

тяло - der Körper

69

уста

der Mund

зъб

der Zahn

език

die Zunge

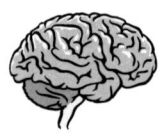

мозък

das Gehirn

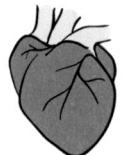

сърце

das Herz

мускул

der Muskel

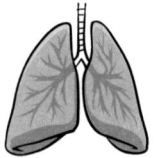

бял дроб

die Lunge

черен дроб

die Leber

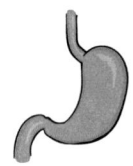

стомах

der Magen

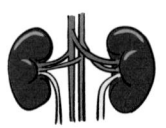

бъбреци

die Nieren

полово сношение

der Geschlechtsverkehr

кондом

das Kondom

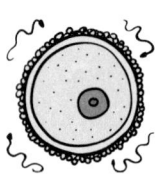

яйцеклетка

die Eizelle

сперма

das Sperma

бременност

die Schwangerschaft

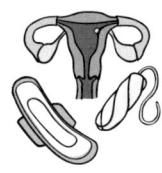

менструация

die Menstruation

вагина

die Vagina

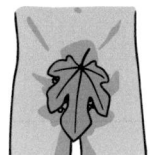

пенис

der Penis

вежда

die Augenbraue

коса

das Haar

шия

der Hals

болница
das Krankenhaus

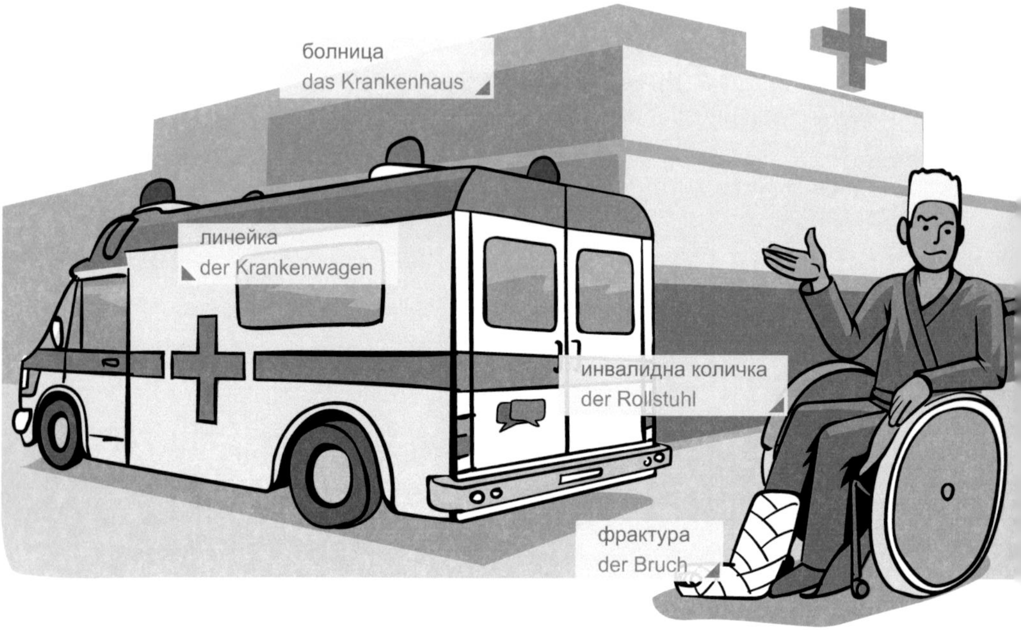

болница
das Krankenhaus
линейка
der Krankenwagen
инвалидна количка
der Rollstuhl
фрактура
der Bruch

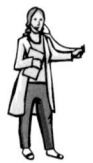

лекар

der Arzt

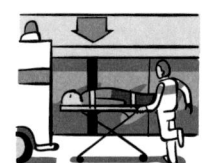

спешна хоспитализация

die Notaufnahme

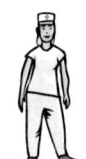

медицинска сестра

die Krankenschwester

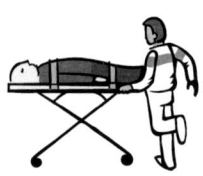

спешен случай

der Notfall

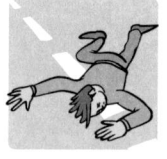

в безсъзнание

ohnmächtig

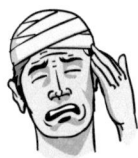

болка

der Schmerz

нараняване

die Verletzung

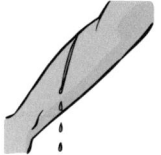

кървене

die Blutung

инфаркт

der Herzinfarkt

инсулт

der Schlaganfall

алергия

die Allergie

кашлица

der Husten

температура

das Fieber

грип

die Grippe

диария

der Durchfall

главоболие

die Kopfschmerzen

рак

der Krebs

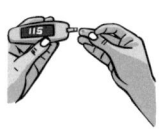

диабет

die Diabetis

хирург

der Chirurg

скалпел

das Skalpell

операция

die Operation

компютърна томография

das CT

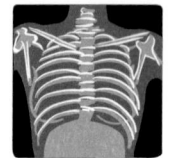

рентген

das Röntgen

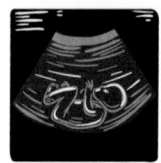

ултразвук

das Ultraschall

маска

die Maske

болест

die Krankheit

чакалня

das Wartezimmer

патерица

die Krücke

пластир

das Pflaster

превръзка

der Verband

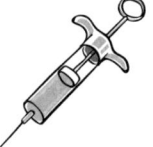

инжекция

die Injektion

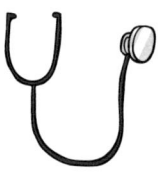

стетоскоп

das Stethoskop

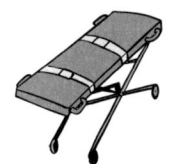

носилка

die Trage

термометър

das Thermometer

раждане

die Geburt

наднормено тегло

das Übergewicht

слухов апарат

das Hörgerät

дезинфекционно средство

das Desinfektionsmittel

инфекция

die Infektion

вирус

das Virus

HIV / AIDS

das HIV / AIDS

медицина

die Medizin

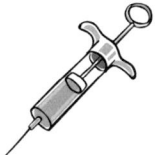

ваксинация

die Impfung

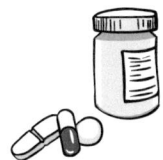

таблети

die Tabletten

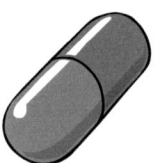

противозачатъчна
таблетка
die Pille

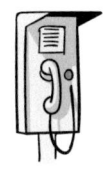

спешно телефонно
обаждане
der Notruf

апарат за измерване на
кръвното налягане

das Blutdruck-Messgerät

болен / здрав

krank / gesund

Помощ!

Hilfe!

сигнал за тревога

der Alarm

нападение

der Überfall

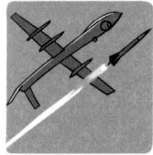

атака

der Angriff

опасност

die Gefahr

аварийен изход

der Notausgang

Пожар!

Feuer!

пожарогасител

der Feuerlöscher

злополука

der Unfall

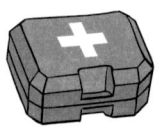

комплект за оказване на
първа помощ

der Erste-Hilfe-Koffer

SOS

SOS

полиция

die Polizei

Европа

das Europa

Северна Америка

das Nordamerika

Южна Америка

das Südamerika

Африка

das Afrika

Азия

das Asien

Австралия

das Australien

Атлантически океан

der Atlantik

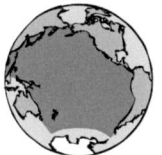

Тихи океан

der Pazifik

Индийски океан

der Indische Ozean

Южен ледовит океан

der Antarktische Ozean

Северен ледовит океан

der Arktische Ozean

Северен полюс

der Nordpol

Южен полюс

der Südpol

Антарктида

die Antarktis

Земя

die Erde

суша

das Land

море

das Meer

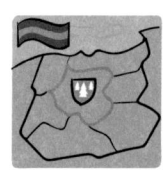

остров

die Insel

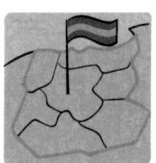

нация

die Nation

държава

der Staat

циферблат

das Zifferblatt

стрелка на часовете

der Stundenzeiger

стрелка на минутите

der Minutenzeiger

стрелка на секундите

der Sekundenzeiger

Колко е часът?

Wie spät ist es?

ден

der Tag

време

die Zeit

сега

jetzt

дигитален часовник

die Digitaluhr

минута

die Minute

час

die Stunde

седмица
die Woche

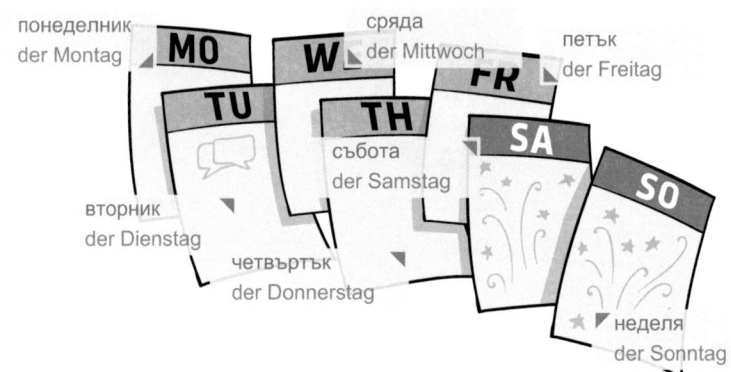

понеделник
der Montag

сряда
der Mittwoch

петък
der Freitag

вторник
der Dienstag

събота
der Samstag

четвъртък
der Donnerstag

неделя
der Sonntag

вчера

gestern

днес

heute

утре

morgen

сутрин

der Morgen

обед

der Mittag

вечер

der Abend

работни дни

die Arbeitstage

уикенд

das Wochenende

дъжд
der Regen

дъга
der Regenbogen

сняг
der Schnee

вятър
der Wind

пролет
der Frühling

есен
der Herbst

лято
der Sommer

зима
der Winter

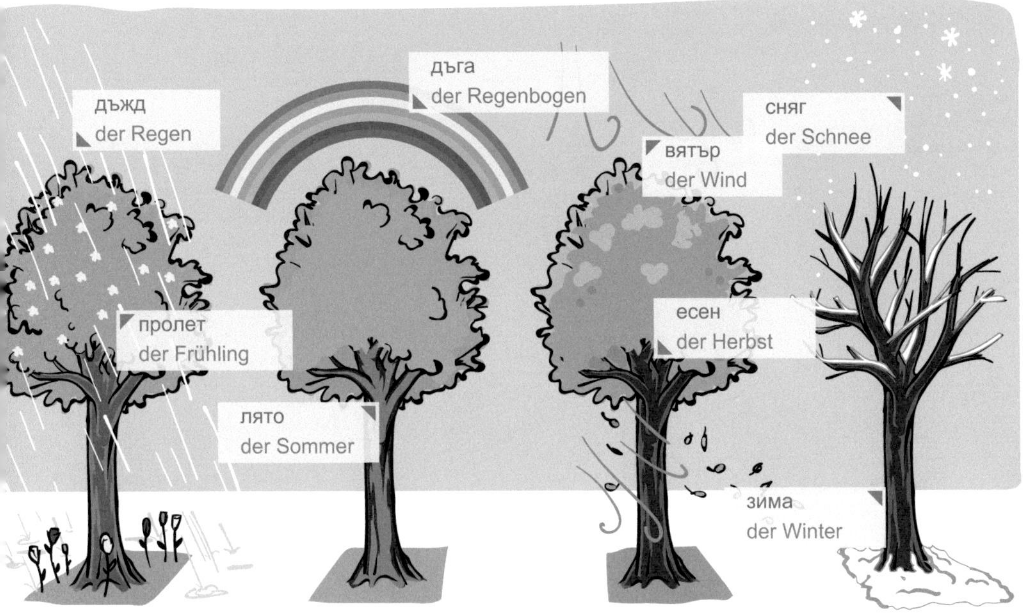

прогноза за времето

die Wettervorhersage

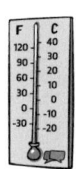

термометър

das Thermometer

слънчева светлина

der Sonnenschein

облак

die Wolke

мъгла

der Nebel

влажност на въздуха

die Luftfeuchtigkeit

светкавица

der Blitz

гръмотевица

der Donner

буря

der Sturm

градушка

der Hagel

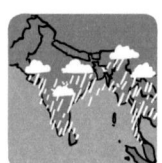

мусон

der Monsun

наводнение

die Flut

лед

das Eis

януари

der Januar

февруари

der Februar

март

der März

април

der April

май

der Mai

юни

der Juni

юли

der Juli

август

der August

септември

der September

октомври

der Oktober

ноември

der November

декември

der Dezember

форми
die Formen

кръг

der Kreis

квадрат

das Quadrat

четириъгълник

das Rechteck

триъгълник

das Dreieck

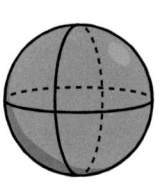

сфера

die Kugel

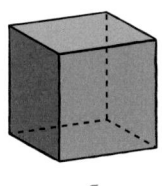

куб

der Würfel

бял

weiß

жълт

gelb

оранжев

orange

розов

pink

червен

rot

лилав

lila

син

blau

зелен

grün

кафяв

braun

сив

grau

черен

schwarz

много / малко

viel / wenig

ядосан / спокоен

wütend / friedlich

красив / грозен

hübsch / hässlich

начало / край

der Anfang / das Ende

голям / малък

groß / klein

светъл / тъмен

hell / dunkel

брат / сестра

er Bruder / die Schwester

чист / мръсен

sauber / schmutzig

пълен / непълен

vollständig / unvollständig

ден / нощ

der Tag / die Nacht

мъртъв / жив

tot / lebendig

широк / тесен

breit / schmal

ядлив / неядлив

genießbar / ungenießbar

сърдит / любезен

böse / freundlich

развълнуван / скучаещ

aufgeregt / gelangweilt

дебел / тънък

dick / dünn

най-напред / най-накрая

zuerst / zuletzt

приятел / враг

der Freund / der Feind

пълен / празен

voll / leer

твърд / мек

hart / weich

тежък / лек

schwer / leicht

глад / жажда

der Hunger / der Durst

болен / здрав

krank / gesund

нелегален / легален

illegal / legal

интелигентен / глупав

intelligent / dumm

ляво / дясно

links / rechts

близо / далече

nah / fern

нов / употребяван

neu / gebraucht

нищо / нещо

nichts / etwas

стар / млад

alt / jung

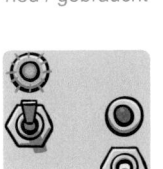

вкл. / изкл.

an / aus

отворен / затворен

offen / geschlossen

тих / силен (звук)

leise / laut

богат / беден

reich / arm

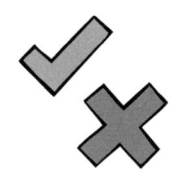

правилен / погрешен

richtig / falsch

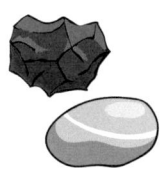

грапав / гладък

rau / glatt

тъжен / щастлив

traurig / glücklich

дълъг / къс

kurz / lang

бавен / бърз

langsam / schnell

мокър / сух

nass / trocken

топъл / студен

warm / kühl

война / мир

der Krieg / der Frieden

противоположности - die Gegenteile

die Zahlen

0

нула

null

1

едно

eins

2

две

zwei

3

три

drei

4

четири

vier

5

пет

fünf

6

шест

sechs

7

седем

sieben

8

осем

acht

9

девет

neun

10

десет

zehn

11

единадесет

elf

12

дванадесет

zwölf

13

тринадесет

dreizehn

14

четиринадесет

vierzehn

15

петнадесет

fünfzehn

16

шестнадесет

sechzehn

17

седемнадесет

siebzehn

18

осемнадесет

achtzehn

19

деветнадесет

neunzehn

20

двадесет

zwanzig

100

сто

hundert

1.000

хиляда

tausend

1.000.000

милион

million

английски

Englisch

американски английски

Amerikanisches Englisch

китайски мандарин

Chinesisch Mandarin

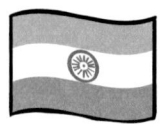

хинди

Hindi

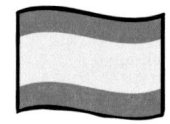

испански

Spanisch

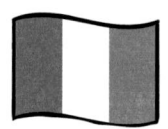

френски

Französisch

арабски

Arabisch

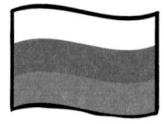

руски

Russisch

португалски

Portugiesisch

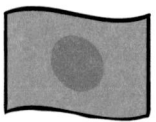

бенгалски

Bengalisch

немски

Deutsch

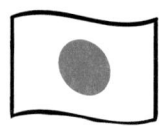

японски

Japanisch

аз
ich

ти
du

той / тя / то
er / sie / es

ние
wir

вие
ihr

те
sie

кой?
wer?

какво?
was?

как?
wie?

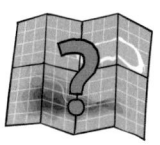

къде?
wo?

кога?
wann?

име
Name

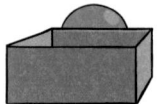

зад

hinter

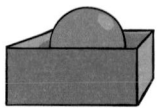

в

in

пред

vor

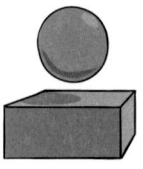

над

über

върху

auf

под

unter

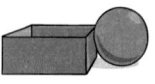

до

neben

между

zwischen

място

der Ort